BEI GRIN MACHT SICH IHR
WISSEN BEZAHLT

- Wir veröffentlichen Ihre Hausarbeit,
  Bachelor- und Masterarbeit

- Ihr eigenes eBook und Buch -
  weltweit in allen wichtigen Shops

- Verdienen Sie an jedem Verkauf

Jetzt bei www.GRIN.com hochladen
und kostenlos publizieren

Bibliografische Information der Deutschen Nationalbibliothek:

Die Deutsche Bibliothek verzeichnet diese Publikation in der Deutschen National-bibliografie; detaillierte bibliografische Daten sind im Internet über http://dnb.d-nb.de/ abrufbar.

Impressum:

Copyright © 2019 GRIN Verlag
Druck und Bindung: Books on Demand GmbH, Norderstedt Germany
ISBN: 9783346074201

Dieses Buch bei GRIN:

https://www.grin.com/document/507969

Florian Dick

Die Integration von Compliance in die Organisationsstruktur internationaler Konzerne

GRIN Verlag

GRIN - Your knowledge has value

Der GRIN Verlag publiziert seit 1998 wissenschaftliche Arbeiten von Studenten, Hochschullehrern und anderen Akademikern als eBook und gedrucktes Buch. Die Verlagswebsite www.grin.com ist die ideale Plattform zur Veröffentlichung von Hausarbeiten, Abschlussarbeiten, wissenschaftlichen Aufsätzen, Dissertationen und Fachbüchern.

Besuchen Sie uns im Internet:

http://www.grin.com/

http://www.facebook.com/grincom

http://www.twitter.com/grin_com

Wirtschaftswissenschaftliche Fakultät

Seminararbeit

im Fach Betriebswirtschaftslehre (Master)

Thema

Compliance in internationalen Konzernen – Eine kritische Analyse

Ausgabetermin: 24.Januar 2019
Abgabetermin: 29. April 2019

Vorgelegt von: Florian Dick

Inhaltsverzeichnis

Abkürzungsverzeichnis

Abb.	-	Abbildung
Bzw.	-	Beziehungsweise
CCO	-	*Chief Compliance Officer*
Dr.	-	Doktor
MSc.	-	Master of Science
MU.	-	Mutterunternehmen
Prof.	-	Professor
Tab.	-	Tabelle
TU.	-	Tochterunternehmen

Abbildungsverzeichnis

Tabellenverzeichnis

1. Problemstellung

Ob Geldwäsche- und Korruptionsskandale bei der Deutschen Bank[1] oder die systematische Manipulation von Abgaswerten bei Volkswagen[2], Beispiele für sogenannte Compliance-Skandale finden sich immer wieder bei international agierenden Unternehmen und zeigen die Aktualität dieser Problematik.[3] Die strikteren Verhaltensanforderungen in nationalen und internationalen Rechtsordnungen führen zu einer steigenden Bedeutung einer guten Corporate Compliance.[4] Die schwerwiegenden Konsequenzen von *Non-Compliance* wie Schäden durch wirtschaftskriminelle Handlungen, Strafen die durch Rechtsverstöße auferlegt werden oder Rufschädigung zeigen in besonderem Maße die praktische Relevanz.[5]

Die Größe internationaler Konzerne sowie die Vielzahl an Regeln, Gesetzen und internen Standards, die diese beachten müssen, stellen dabei eine besondere Herausforderung an eine Compliance-Organisation dar.[6] Diese Arbeit behandelt daher primär die Frage, wie Compliance in die Organisationsstruktur international agierender Konzerne eingebaut werden kann, um zukünftige Compliance-Verstöße effektiv zu verhindern. Hierbei sollen vor allem organisationsstrukturelle sowie landesspezifische Aspekte kritisch beleuchtet werden.

Zunächst erfolgen daher eine einführende Erklärung der Begriffe sowie der Grundlagen im Hinblick auf Compliance in internationalen Konzernen. Im Zentrum der Arbeit steht die Analyse ausgewählter wesentlicher Herausforderungen internationaler Konzerne bezüglich einer effektiven Implementierung von Compliance in die Organisationsstruktur. Ziel der Arbeit ist es, mögliche Handlungsempfehlungen und deren Vor- und Nachteile für Unternehmen anhand der gängigen Literatur herzuleiten. Unter diesem Aspekt soll auch das Spannungsverhältnis von wachsenden Anforderungen an die Compliance auf der einen und Kostenkalkül sowie Gefahr einer Überregulierung auf der anderen Seite kritisch gewürdigt werden.

---

[1] Vgl. Eich (2018), S. 1.
[2] Vgl. Breitinger (2018), S. 1.
[3] Für weitere aktuelle Beispiele vgl. Inderst u. a. (2017), S. 15; Behringer u. a. (2018), S. 43 sowie Schulz (2017), S. 8.
[4] Für eine Übersicht der deutschen Rechtsgrundlagen vgl. Meyer/Fredrich (2012), S. 7f..
[5] Vgl. Behringer u. a. (2018), S. 43; Eckert/Deters (2018), S. 20 f., S. 27.
[6] Vgl. Moosmayer (2015), Rn 1; Menzies u. a. (2008), S. 137.

2. Grundlagen

2.1 Compliance und internationale Konzerne

Ein Konzern lässt sich nach deutschem Aktiengesetz wie folgt definieren: „Sind ein herrschendes und ein oder mehrere abhängige Unternehmen unter der einheitlichen Leitung des herrschenden Unternehmens zusammengefasst, so bilden sie einen Konzern; die einzelnen Unternehmen sind Konzernunternehmen".[7] In dieser Arbeit wird ein internationaler Konzern aufgrund der vorwiegenden Ausrichtung an deutschsprachiger Literatur als ein deutsches Mutterunternehmen mit einem oder mehreren ausländischen Konzernunternehmen definiert.

Compliance stellt nach Schneider die Gesamtheit aller zumutbaren Maßnahmen, die die Übereinstimmung mit rechtlichen, regulatorischen und unternehmensinternen Standards sicherstellen, dar. Es kann daher als ein Teil der ordnungsgemäßen Unternehmensführung (*Corporate Governance*) und als allgemeine Rechtspflicht aller Unternehmen betrachtet werden.[8] Weiterhin umfassen einige Compliance Definitionen auch die freiwillige Erfüllung von anderen Anforderungen, die im Interesse der Stakeholder liegen.[9] Die in dieser Arbeit verwendete Compliance Definition umfasst alle freiwilligen oder vorgeschriebenen Maßnahmen, die direkt oder indirekt einen Mehrwert durch Vermeidung von Compliance-Verstößen für das Unternehmen schaffen.

Compliance findet sich auch im deutschen *Corporate Governance* Kodex (DCGK) wieder: „Der Vorstand hat für die Einhaltung der gesetzlichen Bestimmungen und der unternehmensinternen Richtlinien zu sorgen und wirkt auf deren Beachtung durch die Konzernunternehmen hin (Compliance)."[10] Diese Definition stellt neben der Anforderung der Regelbeachtung bereits ein aktives Handeln der Unternehmensleitung voraus. Konkreter lässt sich hieraus bereits eine Verpflichtung der Unternehmensleitung zur Gesetzestreue durch bestmögliche Organisation des Unternehmens herleiten.[11] Eine unterlassene Implementierung eines Compliance-Systems kann somit im Falle eines Regelverstoßes einen Anspruch auf Schadensersatz der Gegenpartei stärken.[12] Die gängige Meinung der Literatur geht ebenfalls von einer Pflicht zur Einrichtung

---

[7] AktG, 2017) §18, Abs. 1, S. 1.
[8] Vgl. Schneider (2003), S. 645f.; Compliance wird synonym zu Corporate Compliance verwendet.
[9] Vgl. Menzies u. a. (2008), S. 136; Siedenbiedel (2016), S. 49f..
[10] Regierungskommission Deutscher Corporate Governance Kodex, 2017, Ziff. 4.1.3.
[11] Vgl. Inderst u. a. (2017), S. 22f.; Behringer u. a. (2018), S. 37; Bay/Hastenrath (2014), S. 1-3, 7-9.
[12] Vgl. Behringer u. a. (2018), S. 51; Wecker/Galla (2013), S. 29.

einer Compliance-Organisation aus, die konkrete Ausgestaltung liegt im Ermessensspielraum der Geschäftsführung.[13]

Der Grad der Ausprägung von Compliance in einem Unternehmen kann mit einer dreistufigen Pyramide ausgedrückt werden. Die unterste Ebene stellt die zwingende Mindestanforderung der Einhaltung von gesetzlichen Vorgaben dar. Die zweite Ebene stellt eine über die gesetzlichen Anforderungen hinausgehende Selbstverpflichtung zur Befolgung der sogenannten *„Best Practice"* der Branche. Die Befolgung dieser Branchenstandards ist zwar freiwillig, kann aber von den Stakeholdern eingefordert werden und negative Konsequenzen bei Nichteinhaltung zufolge haben.[14] Die dritte und höchste Stufe der Compliance besteht in einer freiwilligen Übernahme von sozialer Verantwortung indem ökologische und soziale Aspekte in die Handlungsentscheidungen maßgeblich einbezogen werden.[15]

2.2 Ziele und Funktionen von Compliance

Die Compliance-Ziele sollten immer in Übereinstimmung mit den allgemeinen Unternehmenszielen erfolgen, um eine ganzheitliche sowie effiziente Umsetzung sicherzustellen. Das generelle Compliance-Ziel ist dabei immer die Minimierung der Anzahl an Gesetzesverstößen.[16] Weiterhin kann Compliance helfen die Qualität der Prozesse in einem Unternehmen zu verbessern und dient daher nicht nur der Haftungsvermeidung sondern auch der Steigerung des Unternehmenserfolges.[17] Mögliche Zielkonflikte zwischen den Compliance-Zielen und den Unternehmenszielen sind hierbei zu beachten.[18] Besonders im Falle einer höheren Bewertung eines Renditeziels im Vergleich zu einem Compliance-Ziel durch das Management besteht ein erheblicher Zielkonflikt, der oftmals die Ursache für Compliance-Verstöße darstellt.[19] Der effektive Erfolg einer Compliance-Organisation lässt sich schwer bemessen, da eine geringe Anzahl an Verstößen sowohl auf effektive Compliance-Maßnahmen als auch auf mangelhafte Aufklärungsmechanismen zurückgeführt werden kann.[20] Der Kostenaufwand, der durch die

---

[13] Vgl. Schneider (2003), S. 646f., 649; Bürkle (2005), S. 568; Hauschka (2010), Rn. 22f.; Koch (2009), S. 1013; Bachmann (2008), S. 80 obwohl dieser eine Organisationspflicht ablehnt.
[14] Vgl. Menzies u. a. (2008), S. 136, Behringer u. a. (2018), S. 40f..
[15] Vgl. Behringer u. a. (2018), S. 36, S. 41-43, ähnlich dazu Siedenbiedel (2016), S. 55f..
[16] Vgl. Bay/Hastenrath (2014), S. 22.
[17] Vgl. Inderst u. a. (2017), S. 11.
[18] Vgl. Menzies u. a. (2008), S. 137; Bay/Hastenrath (2014), S. 2.
[19] Vgl. Bay/Hastenrath (2014), S. 28.
[20] Vgl. Behringer u. a. (2018), S. 44.

Implementierung von zusätzlichen Compliance-Maßnahmen und den gestiegenen Transakti-onskosten entsteht, sollte im Optimalfall durch die Prävention von *Non-Compliance* ausgeglichen werden.[21]

Nach Lösler lassen sich die Compliance-Funktionen in Schutzfunktion, Beratungs-Überwachungs- und Marketingfunktion einteilen.[22] Die Schutzfunktion umfasst neben der Vorbeugung und Sanktionierung von Compliance-Verstößen sowie der Dokumentation auch die Schaffung einer Compliance-Kultur[23], also der Förderung des Verständnisses der Unternehmensangehörigen für den Inhalt und Sinn von Compliance-Maßnahmen bis hin zur vollständigen Akzeptanz.[24] Merkmale einer guten Compliance-Kultur sind eine offene Kommunikationskultur sowie die klare Bekennung des Managements zur Compliance (*tone from the top*).[25] Neben dem Haftungsschutz der Unternehmensangehörigen (sowohl Gesellschafts- als auch privatrechtlich) fällt unter die Schutzfunktion auch die Sicherung der Reputation des Unternehmens, welche im Falle von *Non-compliance* erheblich beschädigt werden kann.[26]

Die Beratungs-und Informationsfunktion ist eng verknüpft mit der Schutzfunktion und dient der Aufklärung der operativen Geschäftsbereiche hinsichtlich der Compliance-Vorgaben. Dabei soll vor allem das Bewusstsein der Mitarbeiter für mögliche Risiken ihrer Taten verbessert werden. Bei der Monitoring- oder Überwachungs-Funktion geht es vor allem darum, dass die vom Management kommunizierten Vorgaben auch eingehalten werden. Dies geschieht mit Hilfe von Monitoring-Systemen, die eine zeitnahe Kontrolle aller Vorgaben sicherstellen. Eine erfolgreiche Compliance-Organisation hat immer auch eine Marketing-Funktion, da sie reputationsschädigende Regelverstöße verhindert und so das Ansehen des Unternehmens bei Kunden, Mitarbeitern sowie der gesamten Öffentlichkeit stärkt. [27]

2.3 Compliance-Maßnahmen

Aus Sicht der Unternehmenspraxis steht die Frage nach effektiven Maßnahmen zur Vorbeugung von *Non-Compliance* im Vordergrund.[28] Zur Identifikation dieser Maßnahmen erfolgt

---

[21] Vgl. Inderst u. a. (2017), S. 11.
[22] Vgl. Lösler (2005), S. 136 f..
[23] Vgl. Moosmayer (2015), Rn 144; Bay/Hastenrath (2014), S. 1-3.
[24] Vgl. Schulz (2017), S. 17.
[25] Vgl. Eckert/Deters (2018), S. 25f.; Bay/Hastenrath (2014), S. 1-3; Hauschka (2010), §27, Rn. 59, Fleischer (2008), S. 3.
[26] Vgl. Schulz (2017), S. 18.
[27] Vgl. Lösler (2005), S. 136-140.
[28] Vgl. Grundei/Talaulicar (2009), S. 75.

4

zunächst eine Risikoanalyse der im Unternehmen vorhandenen Rechtsrisiken.[29] Die Bewertung der Risiken kann dabei differenziert nach Unternehmensbereichen vorgenommen werden und umfasst meist eine analytische Bewertung von potentiellen Schadenshöhen sowie den geschätzten Eintrittswahrscheinlichkeiten.[30] Die passenden Maßnahmen muss die Unternehmensleitung auf Basis der Analyse selbst festlegen, sofern sie nicht gesetzlich explizit vorgeschrieben sind.[31] Entscheidend ist dabei auch das Wissen, warum einzelne Organisationsmitglieder gegen Normen verstoßen.[32] Nach Behringers Theorie des *Fraud Triangles* kommt eine kriminelle Handlung durch ein Zusammenspiel der Elemente Gelegenheit für den Täter, Motivation zur Tat sowie die innere Rechtfertigung zustande. Compliance-Maßnahmen versuchen diese Elemente präventiv zu begrenzen.[33]

Die personenbezogenen Compliance-Maßnahmen versuchen bereits in der Einzelperson angelegte Fehlverhaltensweisen einzudämmen.[34] Dieses Fehlverhalten kann sowohl durch eine vorsätzliche und opportunistische als auch durch eine fahrlässige, durch Unwissenheit begründete, Missachtung der Compliance-Vorgaben geschehen.[35] Dies kann am effektivsten bereits bei der Personalauswahl vorgenommen werden indem man Integritätskriterien als Auswahlkriterium stärker gewichtet.[36] Weiterhin sollte das Verständnis der Mitarbeiter hinsichtlich der rechtlichen und unternehmensinternen Pflichten im Rahmen von Trainings- und Schulungseinheiten gefördert werden.[37] Bei der Leistungsbeurteilung von Mitarbeitern sollte die Erfüllung von Compliance-Vorgaben positiv und die Nichteinhaltung mit starken Sanktionen berücksichtigt werden.[38] Eine entsprechende Überwachung hinsichtlich der Einhaltung von Compliance-Vorgaben ist notwendig.[39] Dies kann etwa mit der Einführung einer *Whistle-blowing hotline,* bei der Mitarbeiter Regelverstöße melden können[40], oder regelmäßigen Mitarbeiterbefragungen (*Audits*) erfolgen.[41]

---

[29] Vgl. Vetter (2013), S.12 Hauschka/Greve (2007), S. 165; Fett/Theusinger (2010), S. 13.
[30] Vgl. Siedenbiedel (2016), S. 52 f.; Inderst u. a. (2017), S. 110.
[31] Vgl. Bürkle (2005), S. 569; Hauschka (2010), §1, Rn. 23, Rn. 36; Schmidt (2010), S.138-140; für die rechtlichen Vorschriften in bestimmten Regelungsbereichen vgl. Meyer/Fredrich (2012), S. 7-14.
[32] Vgl. Behringer u. a. (2018), S. 38f..
[33] Vgl. ausführlich dazu Behringer (2014), S. 359-361.
[34] Vgl. Vardi/Wiener (1996), S. 159 f.; Schulz (2017), S. 36f..
[35] Vgl. Schulz (2018), S. 1284.
[36] Vgl. Grundei/Talaulicar (2009), S. 75; Foorthuis (2012), S. 179f.
[37] Vgl. Menzies u. a. (2008), S. 140; Schneider (2003), S. 649; Hauschka (2010), §9 Rn. 27-31.
[38] Vgl. Grundei/Talaulicar (2009), S. 75.; Menzies u. a. (2008), S. 140.
[39] Vgl. Schmidt (2010), S. 143, S. 218-219.
[40] Vgl. Wecker/Ohl (2013), S. 37; Inderst u. a. (2017), S. 114-116..
[41] Vgl. Hauschka (2010), §9 Rn. 34f.; Foorthuis (2012), S. 172.

Eine weitere Form von Maßnahmen stellen schriftliche Verhaltensstandards (Verhaltenskodizes) dar, die sich das Unternehmen selber setzt und an die Mitarbeiter kommuniziert.[42] Diese *Code of conducts* stellen die Grundlage für weitere Compliance-Maßnahmen dar und ist für jeden Mitarbeiter verbindlich.[43] Im *Code of Conduct* werden alle zentralen Elemente der geplanten Compliance-Kultur des Unternehmens gesammelt, um den Mitarbeitern als Orientierungshilfe zu dienen.[44] Zudem wird auf die arbeitsrechtlichen Sanktionsmöglichkeiten bei Verstößen hingewiesen.[45]

2.4 Compliance-Organisation

Die Geschäftsführung trägt die Verantwortung eine an die Größe, Art und Struktur des Unternehmens angepasste Compliance-Organisation zu schaffen, die die Umsetzung der Compliance-Maßnahmen gewährleisten soll.[46] Ziel einer Compliance-Organisation ist es, die Gelegenheiten zu Verstößen gar nicht erst entstehen zu lassen.[47] Gerade in internationalen Konzernen kann die Geschäftsführung nicht alle Compliance-Aufgaben übernehmen, was eine Delegation an andere Unternehmenseinheiten notwendig macht.[48] Hierbei sind die Grenzen der möglichen Delegation zu beachten,[49] existenzgefährdende Risiken sind nicht delegierbar, daher hat die Geschäftsführung stets die Gesamtverantwortlichkeit.[50] Entscheidend für eine effektive Compliance-Organisation sind die Festlegung von Verantwortlichkeiten im Unternehmen sowie die Identifizierung von Compliance-Schlüsselpositionen, wie etwa die des *Compliance Officers*.[51] Diese sollen in einer Vorbilds Funktion die von der Unternehmensleitung vorgegebene Compliance-Kultur den Mitarbeitern näher bringen. Oftmals tragen Sie auch Verantwortung für die Umsetzung bestimmter Compliance-Maßnahmen innerhalb ihres Unternehmensbereiches und berichten direkt an die Unternehmensleitung.[52]

---

[42] Vgl. Bay/Hastenrath (2014), S. 50; Schmidt (2010), S. 169-170; Grundei/Talaulicar (2009), S. 75.
[43] Vgl. Inderst u. a. (2017), S. 123 f; Wecker/Galla (2013), S. 22f..
[44] Vgl. Bay/Hastenrath (2014), S. 25f.; Schmidt (2010), S. 169-171; Inderst u. a. (2017), S. 110f..
[45] Vgl. Behringer u. a. (2018), S. 58; Foorthuis (2012), S.170.
[46] Vgl. Bürkle (2005), S. 596; Eckert/Deters (2018), S. 40; Wecker/Ohl (2013), S. 34-36.
[47] Vgl. Behringer u. a. (2018), S. 39.
[48] Vgl. Moosmayer (2015), S. 16.
[49] Vgl. Schulz (2017), S. 66f., Schmidt (2010); S. 144f..
[50] Vgl. Hauschka (2010), §9 Rn. 14.
[51] Vgl. Schmidt (2010), S. 146-161.
[52] Vgl. Inderst u. a. (2017), S. 131; Menzies u. a. (2008), S. 139.

Die strukturelle Gestaltung der Compliance-Organisation sowie die erforderlichen Maßnahmen hängen in wesentlichem Maß von bestimmten Einflussgrößen sowie dem Risikoprofil des jeweiligen Unternehmens ab.[53] Die wesentlichen Einflussgrößen sind in Tab. 1 zusammengefasst. Für die folgende Analyse der besonderen Herausforderungen stehen die Einflussgrößen Organisationstruktur/-größe sowie Internationalisierung, also die „Aufnahme und die Durchführung grenzüberschreitender Geschäftstätigkeiten von Einzelwirtschaften (…)"[54], im Mittelpunkt. Diese besitzen für internationale Konzerne im Gegensatz zu Einzelunternehmungen besondere Relevanz.[55] Die aus diesen Einflussgrößen resultierenden Herausforderungen sollen in der folgenden Analyse kritisch untersucht werden.

Makroumwelt	Internationalisierung	Informationstechnologie
Rechtsform/ Eigentumsverhältnisse	Organisationsgröße/- struktur	Branche/ Leistungsprogramm

Tab. 1 Einflussgrößen auf die Compliance-Organisation[56]

3. Analyse der Compliance-Herausforderungen bei internationalen Konzernen

3.1 Bedeutung verschiedener Einflussgrößen der Compliance-Organisation

Die Größe eines Unternehmens hat einen maßgeblichen Einfluss auf die Gestaltung der Compliance-Organisation.[57] Die Anforderungen von großen und kleinen Unternehmen gehen stark auseinander.[58] Mit steigender Unternehmensgröße lässt sich etwa eine zunehmende Notwendigkeit zum Einsatz von technokratischen Instrumenten bei strukturellen Maßnahmen feststellen.[59] Für internationale Konzerne besonders relevant sind die Wahl des passenden strukturellen Aufbaus der Compliance-Organisation sowie die Harmonisierung mit vorhandenen Organisationsstrukturen.[60] Entsprechend der vielfältig auftretenden Konzernstrukturen gibt es auch bei der Aufbaustruktur von Compliance-Organisationen unterschiedliche Modelle.[61] Hier ist vor allem der Grad der Zentralisierung sowie der Grad der Delegation im Hinblick auf Compliance-

---

[53] Vgl. Behringer u. a. (2018), S. 380; Hauschka (2010), §1, Rn. 33.
[54] Siedenbiedel (2016), S. 8.
[55] Vgl. Deloitte (2018), S. 40f..
[56] Quelle: eigene Darstellung, für die Einflussgrößen vgl. Siedenbiedel (2016), S. 5-48 sowie Bachmann (2008), S. 80; Schneider (2003), S. 646, 649.
[57] Vgl. Hauschka/Greve (2007), S. 166; Hauschka (2010), §1, Rn. 36.
[58] Vgl. Siedenbiedel (2016), S. 141-143.
[59] Vgl. Siedenbiedel (2016), S. 31.
[60] Vgl. Deloitte (2018), S. 40f.
[61] Vgl. Moosmayer (2015), Rn. 107-111; Behringer u. a. (2018), S. 379-380.

7

Verantwortlichkeiten innerhalb des Konzernes entscheidend. Angewandt auf Konzerne kann die Zentralisierung in zwei Dimensionen gemessen werden (Abb. 2).[62] Jede Dimension ist dabei mit individuellen Herausforderungen verknüpft.

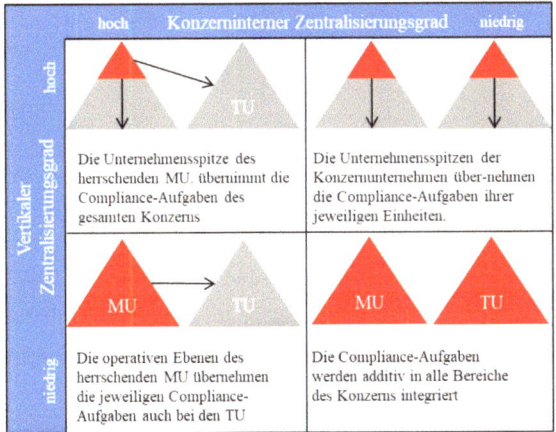

Abb. 1 Zentralisierungsgrad der Compliance-Organisation[63]

Internationale Konzerne weisen aufgrund ihrer ausländischen Tochterunternehmen ein besonders hohes Maß an Internationalisierung auf. Die Compliance Anforderungen werden maßgeblich durch die kulturellen Bedingungen in den Ländern, in denen ein Unternehmen agiert, beeinflusst. Um entscheidungsrelevante Informationen über den Einfluss auf die Compliance zu erfassen kann das mehrdimensionale Kulturmodell nach Hofstede herangezogen werden.[64] Abb. 3 zeigt die wesentlichen Kulturdimensionen zur Operationalisierung der Landeskultur.

---

[62] Konzept der vertikalen und konzerninternen Zentralisierung ist eine Abwandlung der Ansätze von Siedenbiedel (2016), S. 58-60 und. Moosmayer (2015), Rn. 108-111 auf Konzernebene.
[63] Quelle: eigene Darstellung., teilweise angelehnt an Siedenbiedel (2016), S. 59.
[64] Vgl. Siedenbiedel (2016), S. 8-10; Hofstede/Hofstede (2011), S. 49-364.

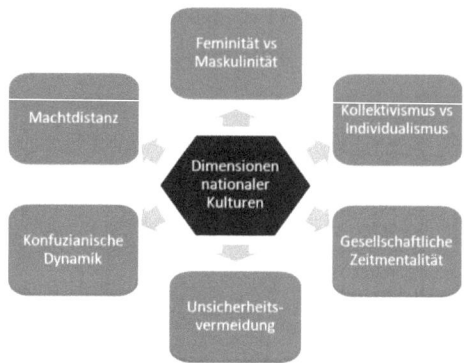

Abb. 2 Modell nationaler Kulturen: Das *Cultural hexagon*[65]

3.2 Zentrale und dezentrale Compliance-Organisationsstrukturen

3.2.1 Vertikale Zentralisierung der Compliance-Organisation

Die vertikale Zentralisierung gibt an, in welchem Ausmaß die Compliance-Aufgaben in der Unternehmensspitze konzentriert sind. Je höher das Maß der vertikalen Zentralisierung eines Unternehmens desto eher werden Compliance-Aufgaben von der Unternehmensleitung ausgeführt und desto steiler ist die Hierarchie. Eine zentralisierte Compliance-Stabstelle, die mit dem *Compliance- Officer* direkt dem Vorstand unterstellt ist, wird in diesem Zusammenhang als vertikal zentralisiert angesehen. Bei einer dezentralen vertikalen Compliance-Struktur übernehmen eher die unteren Managementebenen sowie operativen Teilbereiche die für ihren Bereich relevanten Compliance-Aufgaben.[66]

Die additive Übernahme der Compliance-Aufgaben (zusätzlich zu den originären Aufgaben) durch die jeweiligen Abteilungen hilft eine komplikationsfreie Informationsgewinnung zu schaffen.[67] und bezieht mehr Mitarbeiter im Unternehmen als aktive Akteure in die Compliance-Organisation mit ein.[68] Die Erreichung einer allgemein anerkannten Compliance-Kultur kann so leichter erreicht werden.[69] Nachteile entstehen durch eine Verteilung der Compliance-Kompetenzen auf viele Akteure und eine schwierige Koordination der Verantwortlichkeiten. Entscheidend für eine erfolgreiche vertikale Delegation der Compliance ist, dass die jeweiligen

---

[65] Quelle: in Anlehnung an Siedenbiedel (2016), S. 10; für eine ausführliche Beschreibung der Parameter: Hofstede/Hofstede (2011), S. 49-364; Siedenbiedel (2016), S. 10-21.
[66] Vgl. Vetter (2013), S. 45f.; Siedenbiedel (2016), S. 59.
[67] Vgl. Jäger u. a. (2009), S. 80-81.
[68] Vgl. Siedenbiedel (2016), S. 60.
[69] Vgl. Schulz (2018), S. 1284.

Zuständigkeiten eindeutig festgelegt werden und keine Doppelzuständigkeiten entstehen. Eine entsprechende Kommunikation und Dokumentation der Verantwortungsbereiche ist zwingend notwendig.[70]

Im Gegensatz zu der eben genannten dezentralen Struktur wird die Schaffung einer unabhängigen, zentralen Compliance-Stabstelle, die weder Weisungen noch Disziplinarverpflichtungen nachkommen muss, nach Meinung der Literatur empfohlen.[71] Die Implementierung einer eigenständigen Abteilung wird, gerade bei großen Konzernen, als *best practise* Ansatz angesehen.[72] Die Vorteile liegen insbesondere in Kosteneinsparungen durch Synergieeffekte (etwa bei Schulungen), in einer Bündelung der Compliance-Kompetenz.[73], sowie in der Unabhängigkeit sowie Transparenz einer solchen Organisation.[74] Um noch mehr Synergieeffekte und eine geringere Gefahr der Doppelarbeit zu erreichen empfiehlt Behringer sogar die Bündelung der Kompetenzen zusammen mit Rechtsabteilungen sowie der internen Revision unter einem Dach.[75]

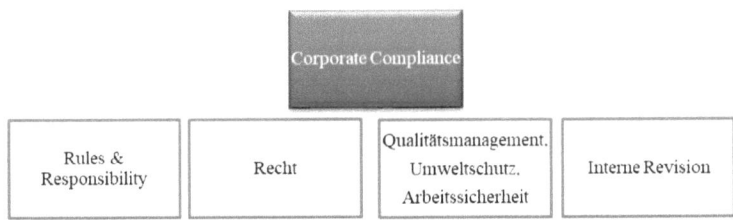

Abb. 3 Compliance-Organisation in weiter Definition[76]

Dies hat den Vorteil, dass man die juristischen Kompetenzen mit den Kenntnissen über Kontrolle, Weiterbildung und Informationsmanagement in eine Einheit bündeln kann.[77] Diese Bündelung der Kompetenzen hilft zudem den direkten Zugang zur Unternehmensleitung zu erleichtern. Der Leiter einer solchen gebündelten Compliance-Organisation hätte genügend Einfluss gewisse Geschäfte, die unter Verdacht stehen regelwidrig zu sein, gegen den Willen anderer Manager zu verhindern. Zu beachten ist bei einer solchen Organisationsstruktur, dass die Gewaltenteilung zwischen Exekutive (interne Revision) und Legislative (Verfassen von Regeln)

[70] Vgl. Vetter (2013), S. 16; Siedenbiedel (2016), S. 69.
[71] Vgl. Hauschka/Greve (2007), S. 165-173; Behringer et al. S. 338f..
[72] Vgl. Jäger u. a. (2009), S. 399; Behringer u. a. (2018), S. 385-390.
[73] Vgl. Behringer u. a. (2018), S. 44.
[74] Vgl. Inderst u. a. (2017), S. 102f..
[75] Vgl. Behringer u. a. (2018), S. 388; ähnlich dazu Inderst u. a. (2017), S. 102f..
[76] Eigene Darstellung, in Anlehnung an Behringer u. a. (2018); S. 389.
[77] Vgl. Schmidt (2010), S. 161f.

innerhalb der Abteilung getrennt wird.[78] Nachteile einer eigenständigen Compliance-Organisation können durch ein hohes Maß an Fremdbestimmung, unbeabsichtigte Überregulierung sowie Kosten durch Bürokratie entstehen. In der Praxis lässt sich daher oftmals eine Mischform mit einer spezialisierten Compliance-Stabstelle, die eng mit Compliance-Verantwortlichen in Unterabteilungen zusammenarbeitet, feststellen.[79]

3.2.2 Konzerninterne Zentralisierung der Compliance-Organisation

Die konzerninterne Zentralisierung wird definiert als das Ausmaß, in welchem das herrschende Mutterunternehmen die Compliance-Aufgaben für die Tochterunternehmen übernimmt. In diesem Zusammenhang stellen sich die Fragen, ob eine separate Compliance-Organisation, beispielsweise. in Form einer Stabstelle für jedes TU, notwendig ist und wie autark die Tochtergesellschaften im Hinblick auf Compliance-Maßnahmen agieren sollen. Der generelle organisatorische Aufbau des Konzerns ist dabei neben betriebswirtschaftlichen und rechtlichen Erwägungen meist auch maßgeblich für die Gestaltung der Compliance-Organisation.[80] Weiterhin muss die Reichweite der konzernrechtlichen Weisungsbefugnis des Konzern-MU über die Konzernunternehmen beachtet werden.[81] Generell gilt die Vorgabe für Konzern-MU im Rahmen der Konzernleitungspflicht Einfluss auf die Compliance in abhängigen TU zu nehmen, auch wenn die tatsächliche Haftung für Verstöße bei einem TU juristisch gesehen umstritten und nicht eindeutig geklärt ist.[82] Im Hinblick auf die Marketingfunktion der Compliance (u.a. Verhinderung von Reputationsschäden), wird schnell deutlich, dass dem Konzern-MU der Auftrag zur Schaffung einer konzernweiten Compliance-Organisation zukommt.[83] Da keine konkrete Pflicht besteht, fällt das Maß der konzerninternen Zentralisierung damit in den Ermessensspielraum der Konzernleitung, welcher allerdings durch anerkannte Branchenstandards begrenzt wird.[84] Die Klärung der Zuständigkeiten der konzernweiten Compliance sowie ein konzernweites Informationssystems stellen die Mindestanforderungen an die Konzernleitung dar.[85]

---

[78] Vgl. Behringer u. a. (2018), S. 388f..
[79] Vgl. Siedenbiedel (2016), S. 55.
[80] Vgl. Fett/Theusinger (2010), S. 8.
[81] Vgl. Fleischer (2008), S. 6; Fett/Theusinger (2010), S. 8-10; Fleischer (2005), S. 765.
[82] Vgl. zur Diskussion Koch (2009), S. 564-574; Fleischer (2008), S.4 f.; Fleischer (2005), S. 764-766; Fett/Theusinger (2010), S. 8-10; S. 1-6 sowie Schneider (2009), S. 1324-1325.
[83] Vgl. Fleischer (2005), S. 762f; Schneider (2009), S. 1324f.; Behringer u. a. (2018), S. 394.
[84] Vgl. Schneider (2009), S. 1326f.; Hauschka (2010) §8 Rn. 16.
[85] Vgl. Fleischer (2008), S. 6; Fleischer (2005), S. 759.

In einer dezentralen konzerninternen Compliance-Organisation besteht die Hauptaufgabe des Konzern-MU lediglich darin, die Schaffung von Compliance-Organisationen sowie angemessene Informationswege bei den Konzernunternehmen sicherzustellen.[86] Der Konzernvorstand muss zudem über schwere Rechtsverletzungen und Sanktionsmaßnahmen der Konzernunternehmen ausreichend informiert sein.[87] Die konkrete Ausgestaltung der Compliance liegt indessen im jeweiligen Ermessensspielraum der Vorstände der TU.[88] Vorteilhaft daran ist, dass die Gestaltung der Compliance individueller an die Anforderungen des Tochterunternehmens angepasst werden kann, die Durchsetzung einer konzernweit einheitlichen Compliance wird allerdings erschwert.

Bei einer zentralisierten Compliance-Organisation hingegen greift das Konzern-MU tief in das Tagesgeschäft der Konzernunternehmen ein und übernimmt konkrete Compliance-Maßnahmen, etwa in Form eines konzernweit vorgegebenen Compliance-Schulungsprogrammes oder Sanktionskataloges.[89] Zudem könnte sich die Compliance-Abteilung des TU verpflichten dieselben technischen Systeme sowie dieselben Compliance-Richtlinien zu verwenden.[90] Dies hätte den Vorteil einer konzernweit einheitlichen Regelung sowie Kosteneinsparrungen durch Synergieeffekte.[91] Weiterhin würde der CCO des Konzern-MU als zentrale Anlaufstelle für Compliance-Themen einen Gesamtüberblick über die Compliance-Themen im Konzern haben und könnte dieses Wissen entsprechend an die Konzernleitung weitergeben.[92] Nachteile der Zentralisierung liegen in der Vernachlässigung der zum Teil wesentlich unterschiedlichen Risikoprofile der verschiedenen Konzernunternehmen.[93]

Für große Konzerne entspricht die Einrichtung einer gestuften Compliance-Organisation mit einem zentralen *Chief Compliance Officers* (CCO), dem verschiedene dezentrale *Compliance Officer* in den jeweiligen Unterabteilungen unterstellt sind, dem *best practise*.[94] Dies birgt jedoch die Gefahr von konzerninternen Kompetenzproblemen, da die dezentralen *Compliance Officer* an den TU vorbei Meldung an den CCO geben müssten.[95]

---

[86] Vgl. Schneider (2007), S. 221.
[87] Vgl. Schneider (2007), S. 2065; Fleischer (2008), S. 6.
[88] Vgl. Schneider (2009), S. 1321.
[89] Vgl. Schneider (2009), S. 1326.
[90] Vgl. Fett/Theusinger (2010), S. 9.
[91] Vgl. Fett/Theusinger (2010), S. 12.
[92] Vgl. Hauschka (2010), §8 Rn. 27; Fett/Theusinger (2010), S. 13.
[93] Vgl. Schmidt (2010), S. 162.
[94] Vgl. Schneider (2007), S. 2065; Fleischer (2008), S. 3; Groß (2012), S. 63.
[95] Vgl. Groß (2012), S. 65.

3.3 Compliance-Herausforderungen durch länderspezifische Besonderheiten

Internationale Konzerne agieren mit ihren Tochterunternehmen oft in vielen verschiedenen Ländern. Besondere Herausforderungen bezüglich der Gestaltung der Compliance-Organisation ergeben sich dabei aufgrund von unterschiedlichen Landeskulturen zwischen dem Mutterunternehmen und den ausländischen Tochterunternehmen. So kann es beispielsweise erhebliche Unterschiede bezüglich der Kulturdimension Machtdistanz, also dem Maß an gesellschaftlich anerkannten sowie realisierten Ungleichbehandlungen von Einzelpersonen innerhalb eines Landes, geben.[96] In Ländern mit stark ausgeprägten Machtgefällen könnte ein dezentralisierter, auf eigenständiges Handeln basierender Ansatz ein erhebliches Risiko im Hinblick auf den Erfolg der Compliance-Maßnahmen bedeuten. Währenddessen könnte eine autokratische Compliance-Organisation, bei der ein Großteil der Maßnahmen von der Unternehmensführung des Mutterunternehmens ausgeführt wird, zu Widerstand bzw. Akzeptanzproblemen bei den Mitarbeitern des Tochterunternehmens in einem Land mit geringer Machtdistanz führen.[97] Eine mögliche Lösung stellt laut Behringer die Berücksichtigung der Landeskulturen bei der Vermittlung und Schulung von Regeln dar. So kann die Korruptionsbekämpfung in Ländern mit höheren Compliance-Risiken besonders intensiv betrieben werden. Zudem soll eine Möglichkeit zur Beratung (*ask us*) sowie zur Meldung von Verstößen (*tell us*) in der Landessprache der Mitarbeiter eingerichtet werden.[98]

Einen weiteren landesspezifischen Aspekt stellen die Verfügbarkeiten von Compliance-Budgets sowie der Zugang zu qualifizierten Mitarbeitern dar. In der Praxis übernehmen die Compliance-Verantwortlichen in den dezentralen internationalen Gesellschaften oft zusätzlich zu ihren eigentlichen Tätigkeiten Compliance-Aufgaben und verfügen meist nicht über das benötigte juristische Grundwissen. Mit fach- und landesspezifischen Schulungen können den Mitarbeitern die Anforderungen des Konzern-MU's näher gebracht werden und so konzernweit einheitliche Compliance-Standards erreicht werden.[99]

Weiterhin können die rechtlichen Anforderungen in den verschiedenen Ländern aufgrund der nationalen Gesetzgebungen höchst unterschiedlich sein. In diesem Kontext kommt die Frage auf, inwiefern sich ein internationaler Konzern einen freiwilligen Compliance-Mindeststandard für alle Konzernunternehmen setzen sollte.[100] Ein praktikabler Lösungsansatz besteht in der

---

[96] Vgl. Hofstede/Hofstede (2011), S. 55-58.
[97] Vgl. Siedenbiedel (2016), S. 11.
[98] Vgl. Behringer u. a. (2018), S. 395.
[99] Vgl. Inderst u. a. (2017), S. 118-119.
[100] Vgl. Behringer u. a. (2018), S. 394.

Implementierung zentraler, konzernweit verpflichtender Vorgaben durch die Compliance-Organisation des Konzern-MU, welche um dezentrale Aspekte in den jeweiligen TU ergänzt werden.[101] Der Mindeststandard der Zentrale, welcher in einem konzernweit geltendem *Code of Conduct* festgehalten werden kann, muss durch die TU mit der Beachtung der lokalen Prozeduren und Gesetze übertroffen werden.[102] Bei der Verfassung eines Mindeststandards ist vor allem auf Verständlichkeit und einen angemessenen Umfang zu achten, um die Wirksamkeit sicherzustellen.[103] Die Umsetzung der Compliance-Maßnahmen kann aufgrund der rechtlichen Selbstständigkeit idR. nur lokal beim TU selbst durchgeführt werden.[104]

Die Frage nach einem Mindeststandard verdeutlicht das Spannungsverhältnis, dem sich der Vorstand des Konzern-MU ausgesetzt sieht. Auf der anderen Seite steht die Notwendigkeit, eine den rechtlichen sowie kulturellen Bedingungen angepasste Compliance-Organisation in den Konzern-TU aufzubauen. Diese wäre von den Mitarbeitern tendenziell eher akzeptiert, würde aber auch einen höheren Kostenaufwand bedeuten. Auf der anderen Seite besteht der Wunsch der Konzernleitung eine konzernweit einheitliche Compliance-Struktur zu schaffen und möglichst stark von Synergieeffekten zu profitieren.[105]

4. Zusammenfassung

Compliance stellt eine verpflichtende Führungsaufgabe des Vorstandes des Konzern-MU dar, die dieser teilweise auf andere Abteilungen delegieren kann. Die Frage nach einer konzernweiten Haftung des Vorstands des Konzern-MU ist rechtlich nicht eindeutig geklärt, es lässt sich jedoch eine klare Tendenz hin zu einer Verpflichtung zur Einrichtung einer konzernweiten Compliance-Organisation feststellen. Die Gestaltung der konzernweiten Compliance liegt dabei im Ermessen des Vorstandes des Konzern-MU und richtet sich nach mehreren Einflussfaktoren sowie nach den Erwartungen der Stakeholder. Wesentliche Herausforderungen für internationale Konzerne stellen die Wahl einer geeigneten Organisationsstruktur sowie die aus der Internationalisierung resultierenden landesspezifische Besonderheiten dar. Die Gestaltung der Organisationsstruktur einer konzernweiten Compliance lässt sich anhand zweier Parameter operationalisieren, der vertikalen sowie konzerninternen Zentralisierung. Hinsichtlich des Gra-

---

[101] Vgl. Kordik u. a. (2018), S. 1014-1015; ähnlich dazu Inderst u. a. (2017), S. 113.
[102] Vgl. Behringer u. a. (2018), S. 395.
[103] Vgl Inderst u. a. (2017), S. 113.
[104] Vgl. Behringer u. a. (2018), S. 396.
[105] Vgl. Menzies u. a. (2008), S. 136.

des der vertikalen Zentralisierung hat sich der Ansatz einer unabhängigen, zentralen Compliance-Stabstelle bei großen Konzernen etabliert. Die konzerninterne Zentralisierung hängt wesentlich von den Konzernstrukturen sowie den gesellschaftsrechtlichen Rahmenbedingungen ab. Die landesspezifischen Besonderheiten sollten bestenfalls bei ausländischen Konzern-TU beachtet werden. Die mögliche Einrichtung einer individuellen Compliance-Organisation bei den TU muss nach betriebswirtschaftlicher Abwägung durch Gegenüberstellung der Kosten- und Nutzenpotenziale einer solchen Individualisierung erfolgen.

5. Literaturverzeichnis

AktG (2017): Aktiengesetz in der Fassung vom In der Fassung vom 6. September 1965 (BGBl. I S. 1089), zuletzt geändert am 17.07.2017 (BGBl. I S. 2446, 2491).

Bachmann, Gregor (2008): Compliance–Rechtsgrundlagen und offene Fragen, in: Bachmann, Gregor (Hrsg.): Gesellschaftsrecht in der Diskussion 2007. Jahrestagung der Gesellschaftsrechtlichen Vereinigung (VGR), Köln, S. 65–101.

Bay, Karl-Christian/Hastenrath, Katharina (Hrsg.) (2014): Compliance-Management-Systeme. Praxiserprobte Elemente, Prozesse und Tools, München.

Behringer, Stefan (2014): Das Fraud-Triangle. Motive für wirtschaftskriminelle Handlungen in Unternehmen, in: Wirtschaftswissenschaftliches Studium: WiSt : Zeitschrift für Studium und Forschung, 43. Jg., Nr. 7, S. 359–364.

Behringer, Stefan/Belser, Karl-Heinz/Cranshaw, Friedrich L. (2018): Compliance kompakt, 4. Aufl.

Breitinger, Matthias (2018): Der Abgasskandal, URL: https://www.zeit.de/wirtschaft/diesel-skandal-volkswagen-abgase, Stand: 11:54, 11. März 2019.

Bürkle, Jürgen (2005): Corporate Compliance - Pflicht oder Kür für den Vorstand der AG? in: Der Betrieb, Nr. 11, S. 565–570.

Deloitte (2018): The future of Compliance 2018, URL: https://www2.deloitte.com/de/de/pages/audit/articles/future-of-compliance.html, Stand: 28. März 2019.

Regierungskommission Deutscher Corporate Governance Kodex (2017): Deutscher Corporate Governance Kodex in der Fassung vom 07.02.2017.

Eckert, Tilman/Deters, Heike (2018): Praxiswissen Compliance. Erfolgreiche Umsetzung im Unternehmen, 2. Aufl., Freiburg/München/Stuttgart.

Eich, Jakob (2018): Deutsche Bank kann Skandale nicht hinter sich lassen, URL: https://www.finance-magazin.de/banking-berater/banking/deutsche-bank-kann-skandale-nicht-hinter-sich-lassen-2028281/, Stand: 11:51, 11. März 2019.

Fett, Torsten/Theusinger, Ingo (2010): Compliance im Konzern - Rechtliche Grundlagen und praktische Umsetzung. Compliance, Compliance-Management-System, Konzern, Konzern-Compliance, UK Bribery Act, in: Betriebs-Berater, Nr. 50.

Fleischer, Holger (2005): Konzernleitung und Leitungssorgfalt der Vorstandsmitglieder im Unternehmensverbund, in: Der Betrieb, 58. Jg., Nr. 14, S. 759–766.

Fleischer, Holger (2008): Corporate Compliance im aktienrechtlichen Unternehmensverbund, in: Corporate-Compliance-Zeitschrift: CCZ: Zeitschrift zur Haftungsvermeidung im Unternehmen, 1. Jg., Nr. 1, S. 1–6.

Foorthuis, R. M. (2012): Tactics for Internal Compliance: A Literature Review, in: : Project Compliance with Enterprise Architecture, S. 153–198.

Groß, Nadja Fee Viola (2012): Chief Compliance Officer. Compliance-Funktionsträger im Spannungsverhältnis zwischen wirksamer Compliance und arbeitsrechtlicher / gesellschaftsrechtlicher Kompetenzordnung, Baden-Baden.

Grundei, Jens/Talaulicar, Till (2009): Corporate compliance, in: Wirtschaftswissenschaftliches Studium: WiSt : Zeitschrift für Studium und Forschung, 38. Jg., Nr. 2, S. 73–77.

Hauschka, Christoph E. (2010): Corporate Compliance, 2. Aufl., München.

Hauschka, Christoph E./Greve, Gina (2007): Compliance in der Korruptionsprävention-was müssen, was sollen, was können die Unternehmen tun? in: Betriebs-Berater, Nr. 62, S. 165–173.

Hofstede, Geert/Hofstede, Gert Jan (2011): Lokales Denken, globales Handeln. Interkulturelle Zusammenarbeit und globales Management, 5. Aufl., München.

Inderst, Cornelia/Bannenberg, Britta/Poppe, Sina (Hrsg.) (2017): Compliance. Aufbau - Management - Risikobereiche, 3. Aufl., Heidelberg/Hamburg.

Jäger, Axel/Rödl, Christian/Campos Nave, José A. (2009): Praxishandbuch Corporate Compliance, Weinheim.

Koch, Jens (2009): Die Konzernobergesellschaft als Unternehmensinhaber i.S.d. § 130 O-WiG?, in: Die Aktiengesellschaft : AG : Zeitschrift für deutsches, europäisches und internationales Aktien-, Unternehmens- und Kapitalmarktrecht, 54. Jg., Nr. 16, S. 564–574.

Kordík, Marek/Kurilovská, Lucia/Tvaronavičienė, Manuela (2018): Intra group compliance agreement as a tool to manage the risks in the daughter companies, in: Entrepreneurship and Sustainability Issues, 5. Jg., Nr. 4, S. 1008–1019.

Lösler, Thomas (2005): Das moderne Verständnis von Compliance im Finanzmarktrecht, in: Neue Zeitschrift für Gesellschaftsrecht, Nr. 8.3, S. 104–108.

Menzies, Christof/Tüllner, Jörg/Martin, Alan (2008): Compliance Management. Nachhaltige Umsetzung in der Praxis, in: Zeitschrift Führung + Organisation: ZfO, 77. Jg., Nr. 3, S. 136–142.

Meyer, Susanne/Fredrich, Jan (2012): Rechtsgrundlagen einer Pflicht zur Einrichtung einer Compliance-Organisation, Berlin.

Moosmayer, Klaus (2015): Compliance, 3. Aufl., München.

Schmidt, Bernd (2010): Compliance in Kapitalgesellschaften, Baden-Baden.

Schneider, Sven H. (2007): Vorstands- und Geschäftsführerhaftung im Konzern, in: : Handbuch Managerhaftung : Risikobereiche und Haftungsfolgen für Vorstand, Geschäftsführer, Aufsichtsrat, Köln, S. 215–244.

Schneider, Uwe H. (2003): Compliance als Aufgabe der Unternehmensleitung, in: Zeitschrift fürWirtschaftsrecht, 24. Jg., S. 645–650.

Schneider, Uwe H. (2009): Compliance im Konzern, in: Neue Zeitschrift für Gesellschaftsrecht, Nr. 34, S. 1321–1326.

Schulz, Martin (2017): Compliance-Management im Unternehmen.

Schulz, Martin (2018): Compliance-Management im Unternehmen–Wirksamkeitsfaktor „Compliance-Kultur ", in: Betriebs-Berater, Nr. 23, S. 1283–1287.

Siedenbiedel, Georg (2016): Corporate Compliance. Grundelemente der strukturellen Integration von Compliance-Konzepten, Herne.

Vardi, Yoav/Wiener, Yoash (1996): Misbehavior in organizations: A motivational framework, in: Organization Science, Nr. 7.2, S. 151–165.

Vetter, Eberhard (2013): Compliance in der Unternehmerpraxis, in: Compliance in der Unternehmerpraxis : Grundlagen, Organisation und Umsetzung, Wiesbaden, S. 33–47.

Wecker, Gregor/Galla, Stefan (2013): Pflichten der Geschäftsleitung & Aufbau einer Compliance-Organisation, in: Compliance in der Unternehmerpraxis: Grundlagen, Organisation und Umsetzung, Wiesbaden, S. 19–41.

Wecker, Gregor/Ohl, Bastian (Hrsg.) (2013): Compliance in der Unternehmerpraxis : Grundlagen, Organisation und Umsetzung, Wiesbaden.